AF266054

SUR LES ORIGINES

DES BONAPARTE

Pignerol 1859, J. Chiantore Imp. de S. M.

SUR LES ORIGINES

DES

BONAPARTE

RAPPORT

A S. E. M. LE MINISTRE DE L'INSTRUCTION ET DES CULTES

DE L'EMPIRE FRANÇAIS

PAR

LE CHEV. FRÉDÉRIC DE STEFANI

TURIN,
BOCCA FRÈRES
LIBRAIRES DE S. M.
RUE CHARLES-ALBERT

PARIS,
E. DENTU
LIBRAIRE-ÉDITEUR
PALAIS ROYAL

1859.

Monsieur le Ministre,

Votre Excellence m'a chargé, par son arrêté du 8 mars 1858, d'une mission en Italie, ayant pour objet des Etudes historiques et en particulier des recherches sur l'origine de la famille Bonaparte.

Le désir de traiter à fond cette dernière question, objet spécial de ma mission, m'a conduit, pendant l'année qui vient de s'écouler, dans les différentes villes d'Italie, où je pouvais espérer de trouver les documents nécessaires pour l'établissement solide de la généalogie de la famille Bonaparte. Grâce à la recommandation spéciale de Votre Excellence et de M. le Comte Walewski, ministre des affaires étrangères, les archives des états et des villes m'ont été partout ouvertes avec empressement; partout on a secondé mes investigations avec une parfaite courtoisie.

Avant de rendre compte à Votre Excellence des résultats obtenus, qu'Elle me permette de Lui exposer d'abord, en quelques mots, quel était l'état de cette question généalogique au moment où je commençais mes nouvelles recherches au mois de mars 1858.

I.

La plupart des historiens contemporains ont cherché à percer le voile épais qui, dès le seizième siècle, couvrait déjà l'origine de la famille Bonaparte (1). Mais presque tous

(1) *Bonapartia gens et nobilis et antiqua ante annum* 1200 *inter nobiles semper reperitur. Quo autem tempore suum in civitate* (*Tarvisii*) *initium sumpserit, aut unde fuerat oriunda, ignoratur.* Mauri Juriscons. Chron.

ces écrivains, soit adulation, soit amour du merveilleux, sont tombés dans les erreurs les plus grossières et les plus contradictoires.

Ainsi, on a établi, non sur des documents, mais sur des hypothèses, quatre ou cinq généalogies entièrement différentes et qui obscurcissaient la question au lieu de l'éclairer.

Les uns, cédant à un sentiment facile à comprendre, rattachent les Bonaparte à la famille de Henri IV en les faisant descendre du *Masque de fer* ; d'autres cherchent leur origine dans la *gens Ulpia* qui donna des empereurs à Rome ; ceux-ci choisissent la *gens Sylvia* et la *gens Julia* d'où sont sortis Cesar et Constantin ; ceux-là leur donnent pour ancêtres les Comnène et les Paléologue. Ce dernier rêve a récemment trouvé des approbateurs.

Il serait superflu de s'arrêter à combattre ces fantaisies plus ou moins ingénieuses.

Du reste, depuis le Prince Napoléon Louis jusqu'à M. Passerini, cette question généalogique, si intéressante pour la France et pour l'Italie, a été parfois étudiée, sinon complètement, au moins d'une manière tout-à-fait sérieuse et digne de l'histoire.

Le nom de Bonaparte, né au milieu des factions de l'Empire et de l'Eglise, a été porté pendant le moyen-âge par différentes familles Italiennes, soit comme prénom, soit comme nom patronymique. C'est une erreur de vouloir démontrer que ces diverses familles avaient une souche commune. Mes recherches à Florence, à Sienne, à Ascoli, à Lucques, à Bologne, à Samminiato, m'ont mis à même de constater que quatre familles Bonaparte, bien distinctes et n'ayant entr'elles aucun lien de parenté, ont existé en Italie.

L'une, à Sienne, paraît dans la première moitié du XIIIme siècle et ne laisse plus de trace après trois générations (1) ; l'autre à Ascoli (1250-1334), n'était qu'une branche de la famille Gruamonti, très-ancienne et noble (2).

Dans cette même ville de Florence, où, jusqu'à la fin du XVIIIme siècle, une branche des Bonaparte Napoléoniens a été très considérée parmi les patriciens, une autre famille du même nom, mais d'origine tout-à-fait différente et plébéienne, se trouve

---

(1) *Bonapars Ugulini* membre du parlement de Sienne le 22 juin 1212. — Parchemin N. 138; Archives de S.te Marie de la Scala, à Sienne.

— *Ildebrandus Bonapartis* Id. le 20 décembre 1238. — Ibid. parchemin N. 332.

— *Ildebrandinus de Bonaparte.* Id. sub anno 1256. Ibid. parchemin N. 14. A cette date s'arrête toute mention des Bonaparte de Sienne. L'historien Gerini, et après lui l'auteur anonyme de la Généalogie « *La famiglia Bonaparte dal* 1180 *al* 1834. — *Napoli* 1840 » sont tombés en erreur en supposant cet Ildebrand fils de Bonapart comme le chef de la branche de cette famille à Samminiato.

(2) Dans le *Grand Livre* des Anciens, aux Archives secrètes de la ville d'Ascoli, à l'année 1250; on trouve un *Bonapart* nommé *Syndic* pour recevoir la reddition

avoir occupé un rang honorable. La nouvelle confusion qu'on a faite à l'occasion de ces deux familles sera désormais dissipée . Le savant M. Passerini m'a communiqué la généalogie de cette troisième famille Bonaparte rédigée d'après les documents des archives d'Etat à Florence. On y voit qu'elle était issue d'un Jean de Martignon de Cona dans la *Valdarno* supérieure; que ce Bonaparte de St. Nicolas, tige erronément supposée de la famille impériale (1), appartenait à

de Montegallo. D'après le document qui suit, ce *Bonapart* était le fils de Gauthier de Gruamonti et le père de Jean Bonaparte de Ascoli.

Anno Domini MCCCXI Ind. X. die sabbati XVI mensis Octub.

Appareat omnibus evidenter quod nob. miles dom. Joannes Bonepartis dom. Gualterii de Gramontibus de Asculo, futurus capitaneus Comunis et populi Senensis etc. etc. — Archives dites des *Riformagioni* de la ville de Sienne. Livre des Conseils 1311. ad fol. 3.

Ce même Jean Bonaparte de Ascoli a été Podestàt à Florence en 1334. — Délices des Erudits Toscans. Vol 17. pag. 109.

(1) Gerini « Mémoires historiques de Lunigiane ». Cette erreur a été partagée par tous les historiens de la famille Bonaparte.

cette souche plébéienne ainsi que ce Jean
Bonaparte qui, en 1280, signa comme té-
moin le traité de paix entre les Guelfes et
les Gibelins de Florence. Il importe encore de
noter que de quelques membres de cette famille, exilés de Florence en 1260 et 1268,
sont issus les Bonaparte de Lucques et ceux
de Bologne (1).

Mes voyages à Bologne, Ascoli, Sienne
et Lucques m'avaient donc donné un résultat négatif. Je l'avais prévu, et je pensais

(1) *Anno Dom.* 1271. *Ind. XV die penultimo Novembris.*
*Venerabilis pater Dom. Guido abbas... fecit electionem
de presbytero etc. etc. Actum Bononie..... presentibus......
Bonaparte Joannis de Florentia etc. etc.* Annales Camald.
Vol. 1. App. Col. 180 - 181. Celui-ci est probablement
le *Bonaparte de St. Nicolas* fils de Jean de Martignon
de Cona, exilé de Florence en 1268.

— *In nomine Domini etc. Anno MCCCX. Ind. VIII
die XXIX mensis Madii.*

*Consilium populi et masse populi fecit nobilis et sa-
piens vir. Dom. Guido de Valbona honorabilis Capitaneus
populi Bononiensis.... in quo quidem consilio intervenerunt....*

Gardolus Bonapartis contrate Sancti Vitalis.... etc. etc.

Archives des notaires de la ville de Bologne. Cod.
memb. inscript. *Droits de la Commune de Bologne* Cart. 167.

que c'était déjà avoir atteint une partie du
but, puisque la question restant débarrassée
de plusieurs indications inexactes, était réduite à des limites précises. Je m'attachais
alors à étudier séparément les branches des
Bonaparte de Ajaccio-Sarzane, Samminiato-
Florence, comme j'avais déjà fait pour les
Bonaparte de Trévise dans un travail que
Votre Excellence m'a fait l'honneur d'agréer
il y a un an. Remontant des derniers temps
aux plus reculés, n'acceptant que les faits
solidement établis par les documents, on

— *XXIX Jul. MCCCX. Provvisio de certis laboreriis
pro majori fortificatione castrorum et de solutione custo-
dibus Lughi et Bagnacavalli et Plancalduli..... sunt hii :*
    Guido Bonapartis contrate Sancti Vitalis.
        .... Id. Ibid. Cart. 168-169 retr.
— Dans ce même Code des *Droits de la Commune*
Tom. II. Cart. 211 retro, on voit un arrêt du Conseil
de Bologne contre quelques gentilshommes qui s'étaient
insurgés dans le château de Montebonello. Parmi ceux-ci,
on trouve :
        Ugulinus   ) fratres filii Partis
        Bartolocius   ) quondam Bonapartis.
— L'historien de Bologne Ghirardacci, nomme *Gratia
et Dominique Bonaparte* aux années 1282-1283.

devait arriver à des points de jonction entre ces trois ramifications, si elles avaient une origine commune, comme plusieurs indices permettaient de le croire.

Ces résultats, dont je vais entretenir Votre Excellence, seront désormais acquis à l'histoire.

II.

On connaissait déjà les preuves de noblesse que Charles de Bonaparte avait dû produire en 1779 pour l'admission de Napoléon, son fils, à l'école de Brienne, par devant M. d'Hozier de Sérigny, juge d'armes de la Noblesse de France.

De toutes ces preuves, il n'existe plus, dans les Archives de l'Empire, que l'inventaire écrit de la main de Charles de Bonaparte; les documents ayant été rendus à la famille après que M. de Sérigny en eut reconnu la validité. Cet inventaire, dont on ne saurait méconnaître l'exactitude, nous permet d'établir d'une manière sûre la ligne directe des ancêtres de Napoléon, pour la quelle seulement on exigeait les preuves, jusqu'à 1567, c'est à dire à Gabriel, fils de François Bonaparte.

Cette partie de la généalogie, qui comprend la branche d'Ajaccio toute entière, n'est pas, du reste, appuyée seulement au sus-dit inventaire, bien qu'on eût pu se passer, à la rigueur, de toute autre preuve.

J'ai trouvé plusieurs documents, ou cités dans l'inventaire, ou correspondants à ceux qu'on y indique. Je citerai entr'autres à Votre Excellence :

— L'arrêt du conseil supérieur de Bastia, du 13 septembre 1771, qui, après examen de plusieurs documents qu'on cite à l'appui de la filiation, déclare la famille Bonaparte noble de noblesse prouvée au delà de deux cents ans.

— Les lettres patentes de l'archevêque

de Pise en Toscane, du 30 novembre 1769, qui reconnaissent à Charles Bonaparte le droit au titre de noble et patricien de Toscane.

— L'acte de reconnaissance de la famille Bonaparte de Samminiato patricienne de Florence, issue de la même souche que les Bonaparte d'Ajaccio, du 28 juin 1759.

— Deux actes de 1690 et de 1687, qui prouvent que Charles Bonaparte, fils de Sébastien, était noble et ancien de la ville d'Ajaccio, avec titre de *Magnifique*.

— Quatre actes de 1566–1562, par devant notaire, qui établissent que Jérôme Bonaparte, demeurant à Ajaccio, était fils du noble Gabriel de Sarzane.

— Dix huit documents, actes par devant notaires ou lettres du gouvernement, relatifs à Gabriel Bonaparte et remontant de 1567 à 1498, qui démontrent que Gabriel était fils de François Bonaparte de Sarzane et père de Jérôme. Ces pièces nous permettent de tracer toute la vie de Gabriel, guerrier dans sa jeunesse, magistrat dans l'âge mûr.

— Quinze documents divers qui prouvent que François Bonaparte, père de Gabriel, était fils de Jean Bonaparte et frère du chanoine César Bonaparte de Sarzane. Ces actes donnent de curieux détails sur la vie militaire de François, de 1540, époque de sa mort, à 1490, année dans laquelle il vint la première fois de Sarzane à Ajaccio comme homme d'armes des Génois. C'est, en effet, à 1490, non à 1512, comme l'a prétendu l'abbé Gerini (1), suivi par les généalogistes de la famille Impériale, que remonte l'établissement des Bonaparte en Corse, bien qu'ils n'aient quitté, d'une manière définitive, que plusieurs années plus tard la maison paternelle de Sarzane. Jusqu'à la moitié du XVIme siècle, dans les actes qui regardent François ou Gabriel son fils, on trouve très-souvent ajouté à leur nom patrony-

(1) Mémoires historiques de Lunigiane.

mique le souvenir de la première patrie : *Franciscus* ou *Gabriel de Bonaparte de Sarzana.*

J'ai trouvé une partie des documents ci-dessus désignés dans les archives de l'ancienne Banque de St. Georges à Gênes. Cette fameuse institution, fruit de l'activité extraordinaire des Génois sur la mer, imitée plus tard par les Compagnies des Indes française et anglaise, sous le nom modeste de Achats de St. Georges, *Compere di S. Giorgio*, avait été souveraine de vastes territoires. En 1453, la République de Gênes, déchirée par les factions, appauvrie par les guerres avec Mahomet II conquérant de Constantinople, céda à la Banque de St. Georges les colonies de Pera et de la Crimée. La Corse fut aliénée par la République dans la même année, et les Seigneurs de St. Georges en conservèrent la souveraineté, jusqu'à ce que, épuisés à leur tour, ils rendirent l'île au Sénat Génois en 1562. Voilà pourquoi les archives de St. Georges à Gênes devaient contenir des documents très-importants sur cette partie de l'histoire des Bonaparte. Il ne faut pas, du reste, s'étonner si ces documents ne furent pas connus plutôt : le classement encore primitif de ce vaste dépôt ne permettait pas d'y faire la moindre recherche sans y consacrer beaucoup de temps et une persévérance extrême.

III.

En rassemblant les souvenirs relatifs à la branche des Bonaparte d'Ajaccio, nous avons dû, presque toujours et à l'exception de l'époque de sa conjonction avec la branche de Sarzane, nous contenter d'en établir la filiation. Pour l'histoire de la branche de Sarzane nous avons des matériaux beaucoup plus considérables. J'ai puisé aux archives communales, du Capitoul, et des notaires de la ville de Sarzane cent dix documents

qui sont non seulement d'une grande valeur
pour la généalogie, mais qui offrent aussi
de l'intérêt pour l'histoire générale.

Parmi ces documents, je citerai ceux qui
résument l'histoire de la famille Bonaparte
de Sarzane :

— 14 mai 1485. Serment de fidélité aux
seigneurs de St. Georges de Gênes, prêté
par les notables de la ville de Sarzane,
parmi lesquels se trouve Jean Bonaparte,
père de César et de François et fils de César.

— 1475. Extrait des Statuts des docteurs
de Sarzane, d'où apparaît qu'en cette année
est mort César Bonaparte père de Jean et
fils de Jean.

— 1450. Fragments de l'ancien livre du
cadastre de Sarzane, relatifs aux domaines
de la famille Bonaparte dans le district de
Sarzane.

— 8 août 1440. Contrat de mariage entre
César, fils de Jean Bonaparte et Apollonie,
fille du marquis souverain Nicolas Malaspina.

Pour se faire une juste idée de la considération dont jouissait à cette époque la famille Bonaparte, il suffit de remarquer que, par ce mariage, elle s'alliait à la maison d'Este, aux Visconti, aux Spinola, aux Gonzague, aux Torelli et aux Sforce (1).

— 5 février 1405. Le noble Jean Bonaparte, père de César et fils de Nicolas, commissaire de Gabriel Marie Visconti, seigneur de Pise.

— 22 décembre 1404. Convention entre Gabriel Marie Visconti, seigneur de Pise, et la Commune de Sarzane, réprésentée par Jean Bonaparte fils de Nicolas.

— 13 juin 1402. Lettre du duc de Milan Jean Galéas Visconti, en faveur de Jacques Bonaparte, prieur du Capitoul de Luni, fils de Nicolas et frère de Jean.

— 27 avril 1402. Jean Bonaparte, frère de Jacques, envoyé au duc de Milan par le chapitre épiscopal de Luni.

(1) Généalogie des Malaspina, par le Comte P. Litta.

— 24 avril 1397. Contrat de mariage entre Jean Bonaparte , fils de Nicolas, et Isabelle Calandrini. Par cette alliance, les fils de Jean Bonaparte devinrent cousins germains du pape Nicolas V et du cardinal Calandrini , ce qui donna occasion , plus tard , à un autre illustre mariage , celui de Laure Bonaparte avec le prince Silve Piccolomini , petit neveu du pape Pie II.

— 13 avril 1366. Nicolas Bonaparte, père de Jean et fils de Jacques, d'accord avec son frère Ange, accepte un compromis à propos de certaine contestation.

— 17 avril 1328. Jacques Bonaparte, père de Nicolas et fils de Jean, en sa qualité de vicaire de Castruce, duc de Lucques, préside un parlement populaire pour la fixation de certaines limites territoriales.

— 22 août 1322. Compromis passé à Sarzane dans la tour féodale de Jean Bonaparte, . frère de Jacques et fils de Jean. Ce même Jean avait épousé, comme il résulte de

plusieurs documents, Jacqueline, fille de Guillaume Guadagnini, chef des Gibelins de Lunigiane. Un document de 1327 montre qu'il
conservait des relations à Samminiato où
fleurissait déjà une branche de sa famille.

— 19 juin 1322. Jean, fils de Jean Bonaparte, prête à la commune de Sarzane une
somme d'argent.

— 10 mars 1320. Jean, fils de Jean Bonaparte, seigneur féodal d'Albiano dans le
territoire de Pise, donne investiture de quelques terres sur la rivière du Magra.

— 26 octobre 1296. Jean Bonaparte, père
de Jean et fils de Bonaparte, est chargé de
traiter la paix entre Sarzane et Carrare. Ce
même Jean, auquel se rapportent plusieurs
documents, épousa, en premières noces, Vita
des Griffi des seigneurs de Fosdinovo, et, resté
veuf, il se remaria avec Jeanne de Sacchetti,
d'une illustre famille florentine fixée à Sarzane.

— 4 Janvier 1294. Plusieurs gentilshommes, parmi lesquels Guy, fils de Bonaparte, et son neveu Bonaparte, fils de Guillaume, donnent garantie pour le paiement de quelques rentes à l'eglise d'Arcule en Lunigiane. Guy de Bonaparte, héritier des biens que la famille possédait encore à Fucecchio près de Samminiato, est le chef de la branche des Bonaparte, patriciens de Samminiato et de Florence.

— 8 septembre 1278. Acte du parlement général de Sarzane prêtant serment de fidélité à l'évêque de Luni. Y sont nommés Bonaparte et quatre de ses fils, Guillaume, Guelf, Tedald, Jean.

— 21 novembre 1270. Sentence dans un procès entre l'évêque de Luni et Bonaparte fils de Janfald. Transaction y relative.

— 1264. Bonaparte, fils de Janfald, arbitre entre le marquis souverain Malaspina, et la branche dite des Blancs de la même famille.

— 1245. Les bourgeois de Arcule prêtent serment de fidélité au podestat et au conseil de Sarzane. On remarque parmi les membres du Conseil, Bonaparte et plusieurs autres notables appartenant à des familles florentines.

La série des documents relatifs aux Bonaparte de Sarzane ne remonte pas au delà de ce temps. Les biens que la famille possédait en Lunigiane y avaient, de temps à autres, amené ses membres, particulièrement dans des occasions solennelles (1); mais ce ne fut que vers 1240 que Bonaparte, fils de Janfald, se fixa définitivement à Sarzane. Cette riante contrée de Lunigiane, où les factions ne désolaient pas le pays comme dans le reste de la Toscane, devenait, dans le même temps, la demeure de plusieurs autres familles florentines qui y possédaient des biens, comme les Bonaparte, ou qui venaient y établir des maisons de banque pour faire

(1) Janfald, père de Bonaparte, prête serment, avec les notables de Sarzane, a Guillaume, évêque-prince de Luni, en 1219. — *Archives du Capitoul de Sarzane.* Livre « *Pallavicino* »

l'échange avec Gênes. D'après les documents, je nommerai, parmi ces familles, les Guicciardini, Bandini, Medici, Sacchetti, Bardi, Spini, et ces Portinari dont fut Beatrix aimée par le Dante, qui demanda lui-même, plus tard, dans son exil, l'hospitalité aux Malaspina près de Sarzane.

IV.

Nous arrivons au lien qui unit la famille de Bonaparte avec celle des comtes de Fucecchio, Settimo, etc. comtes de Pistoje dans le Xme siècle.

Le document qui prouve principalement cette ascendance est du 15 mai 1235. En voici la partie la plus importante :

« *Jamfaldus de Florentia B. M. Domini*
» *Ugonis quondam Widi, qui fuit Comes,*
» *pro anima sua et Domine Imelde Ugolini*
» *Nerli uxoris sue, et Willielmi, qui nuncu-*

» *patur Bonaparte filii sui et dicte Domine*
» *Imelde, obtulit atque donavit hospitalia*
» *constructo in loco qui dicitur Rosaria, a*
» *quondam Ugone magno Comite ab avo*
» *suo, et filio quondam Willielmi nuncupati*
» *Bulgari item Comitis, et a Domina Cilia*
» *Comitissa uxore sua etc... »*

Cette charte précieuse prouve d'une manière incontestable de quelle famille Janfald descendait. Cette filiation du comte Hugues, de Guy, de Hugues, de Guillaume, qui remonte par d'autres générations jusqu'au IXme siécle, est celle de la maison *Kadolingia*, qui a été étudiée depuis long-temps par Lami, Ughelli, Camici, Gamurini, et dernièrement par M. le chevalier Passerini directeur des archives centrales de l'Etat, à Florence. Lorsque M. Passerini découvrit ce curieux document parmi les parchemins de l'église de St. Etienne d'Empoli, l'identité de Guillaume, dit Bonaparte, fils de Janfald, avec Bonaparte de Janfald de

Sarzane, et, par là, l'origine des Bonaparte Napoléoniens fut aussitôt reconnue par les hommes les plus compétents. Il suffit de nommer parmi ceux-ci M. François Bonaini, l'organisateur célèbre des archives italiennes. Cette reconnaissance ne trouva que des contradictions à la vérité assez faibles. Il importe toutefois de les rappeler ici.

On observa que le nom de Janfald n'étant pas écrit de la même manière (*Janfard* , *Jamfald* , *Cianfard* , *Zanfard*) dans des documents divers, ces actes pouvaient avoir relation à des personnages différents ; que le petit nom du fils de Janfald, Guillaume, n'est jamais donné par les documents de Sarzane relatifs à Bonapart, fils de Janfald. A la première observation, on répond aisément que, dans les chartes du moyen-âge, le nom de la même personne, s'il n'est pas commun, se trouve difficilement écrit avec la même orthographe par des notaires différents. La relation de tous ces documents au même individu est d'ailleurs prouvée par leur nature, la paternité, les lieux etc. etc. A la deuxième observation on répond par le texte même du document. Puisque Janfald trouve nécessaire de déclarer que son fils Guillaume était appelé *Bonaparte* (*Wilielmus qui nuncupatur Bonaparte*), c'est que, évidemment, dans les actes publics on ne lui donnait (*nuncupatur*) que le nom de *Bonaparte*. En effet, les actes de Sarzane relatifs à celui-ci, qui sont tous postérieurs à 1235, ne l'appellent jamais autrement que *Bonapars filius Janfaldi*.

D'ailleurs, d'autres arguments appuient l'autorité de l'acte du 15 mai 1235. Le petit nom de Guillaume se trouve renouvelé dans un fils et une fille du même Bonapart, *Guilielmus* et *Guilielmina* ; la branche des Bonaparte de Samminiato, descendante de Guy, un des fils de Bonapart de Janfald, conserva très-longtemps les biens allodiaux qui avaient été possédés par ses ancêtres, les

comtes de Fucecchio; enfin, toutes les ramifications des Bonaparte portèrent, à peu de
différence près, le même blason que les
Kadolingi. La branche d'Ajaccio en changea
seulement les couleurs ; mais, elle-même,
par le seul droit donné par cette ascendance,
couvrait ses armoiries avec la couronne
comtale et faisait usage, dans des actes
publics, du titre de patricienne de Florence.

Dans un mémoire publié par les *Archives
Historiques Italiennes* (1), M. Passerini a
exposé la grandeur et la décadence de la
famille des Kadolingi.

Le savant Florentin, à qui je dois de pré-
cieux renseignements, a bien voulu me
communiquer quatre vingt deux documents,
dont il n'avait publié que les titres ou des
fragments. La haute importance de ces actes,
qui établissent sans lacune les liens de dix
générations, a été relevée par le travail de

(1) Tom. III. Par. II. Tom. IV. Par. I.

M. Passerini. Je crois cependant que les documents , qui constituent la première partie
des preuves de noblesse des Bonaparte, doi-
vent être publiés dans leur intégrité et non
par fragments.

La famille des comtes de Pistoje était
issue de ces conquérants Lombards qui
avaient dominé l'Italie jusqu'à Charlemagne.
Ses représentants faisaient usage de la for-
mule « *professus sum ex natura mea vivere
more Longobardorum* » considérée par les
érudits comme une déclaration incontestable
de nationalité.

On remonte par les documents jusqu'à
Kunerad, comte de Pistoje, fils de Tedix, qui
fit une riche donation à l'Eglise de St. Zenon
de la même ville en septembre 923. Suivent
dans la ligne directe, Kadul (953-986) et
Lothier (994-1027). Le comte Guillaume
Bulgar (1034-1077), fils de Lothier, ne gou-
vernait déjà plus Pistoje; mais il était encore
un des plus puissants seigneurs de Toscane.

Hugues, son fils (1072-1096), surnommé le *grand comte*, peut-être à cause de sa largesse à l'égard de l'Eglise, fut le père de quatre fils. Sa petite fille Berthe, morte en 1163, a mérité, par ses vertus, l'honneur des autels. Un siècle auparavant, une autre Berthe (1072-1075), fille du comte Lothier, avait été béatifiée.

Bulgarin, un des fils du *grand comte*, porta la croix en Palestine (1098) et y périt glorieusement. Il est le père de ce comte Hugues qui, par son alliance avec la famille des comtes d'Orgnano dans la Marche de Trévise, donna le jour à Jean Malaparte chef de la ramification des Bonaparte de Trévise.

Je ne reviendrai pas ici sur cette branche qui prit la première et porta avec éclat le nom de Bonaparte, dès le temps de la ligue lombarde. J'y ai consacré un travail spécial, que Votre Excellence a agréé il y a un an, et dont le *Journal de l'Instruction Publique* et le *Moniteur Universel* ont donné un exposé très-exact.

Je reviens à Hugues (1097-1112) autre fils du *grand comte*, qui continua en Toscane la ligne directe de la famille. On a , en ce qui le regarde, vingt deux documents, tous relatifs à des fondations pieuses , qui donnent une haute idée de sa piété et de la puissance de sa famille.

Un document de 1141 nomme les quatre fils du comte Hugues, Lothier, Pepon, Guy et Hugues. De ce dernier est descendu le cardinal Guy , chancelier de l'Eglise Romaine , un des hommes les plus marquants de son temps (1123-1150). Du vivant du comte Guy, le troisième des fils de Hugues, la puissance des Kadolingi , déjà diminuée par le développement des communes de Pistoje , de Lucques et de Pise , qui convoitaient la possession des châteaux féodaux de cette famille , fut encore considérablement affaiblie par la perte de Montecascioli et du comté de Settimo, occupés par les Florentins, et du comté de Vernio, dont s'empara la célèbre grand comtesse Mathilde.

Hugues, fils de Guy (1198), fut, à son tour, le dernier comte de Fucecchio.

A cette époque, c'est-à-dire après la défaite de l'Empire à la bataille de Legnano et après la paix de Constance, les communes de Toscane n'étaient pas moins empressées que celles de la haute Italie d'en finir avec les feudataires relevant de l'Empire. Les mémoires du temps ne disent pas cependant si les Kadolingi furent soumis par les armes ou par des conventions. Il est seulement constaté que, vers la fin du XIIme siècle, la domination féodale de cette famille, dans les vallées de l'Arno et de la Nievole, était entièrement finie.

Les documents prouvent que Janfald, le fils du dernier comte de Fucecchio, s'était fait citoyen de Florence, et il paraît certain

que son fils Guillaume Bonaparte, s'était tout-
à-fait rallié au parti guelfe. Cet abandon
des anciennes traditions de la famille, avait-
il été une conquête de l'esprit du temps,
ou bien une conséquence naturelle de l'abais-
sement de la famille réduite à servir les
communes qu'elle avait autrefois combat-
tues? Lorsque Janfald fit à l'hospice de Ro-
sajo la donation, dont il est question dans le
document du 15 mai 1235, il ne possédait
plus que des biens allodiaux dans la Lunigiane et dans le territoire de Fucecchio. Ces
biens constituèrent les patrimoines des deux
ramifications des Bonaparte de Sarzane et
de Samminiato.

V.

J'ai signalé ailleurs le point de départ de
la ramification des Bonaparte de Samminiato.

Guy, fils de Bonaparte de Janfald, hérita des biens qui restaient à la famille dans le territoire de Fucecchio et fixa sa demeure à Samminiato, pendant que son frère Jean s'établissait à Sarzane dans la seconde moitié du XIIIme siècle. Les documents relatifs à cette branche, qui dura assez long-temps pour voir commencer l'épopée napoléonienne, se trouvent en très-grand nombre, à Florence dans les archives centrales de l'Etat, à Samminiato dans les archives de la ville, du Capitoul, des monastères, et, plus particulièrement, de la famille Morali.

Les Morali, alliés plusieurs fois depuis deux siècles aux Bonaparte de Samminiato, reçurent, avec la succession de cette famille, une grande partie de ses archives qui ont été, par là, sauvées de la dispersion (1).

(1) Ces Archives presque inconnues aux historiens de cette branche de la famille Bonaparte, ont été pour la prémière fois étudiées par M. le prof. abbé Conti de Samminiato, qui a bien voulu me communiquer de très-importants documents.

On y voit les anciens sceaux des Bonaparte; plus de cinq cents parchemins contenants des donations ou fondations pieuses, des titres de noblesse, des transactions particulières, des contrats de mariage avec de grandes familles, telles que les Ridolfi, Ricasoli, Bardi, Gondi, Torelli, Aldobrandini, Pitti, Albizzi, Alberti, Borromeo, Stefani, Tornabuoni etc.

On y trouve aussi quarante bulles originales des papes et plusieurs liasses de lettres de cardinaux et de princes à l'adresse des membres de cette famille, qui prouvent la considération dont elle jouissait et les nombreux personnages qui l'ont illustrée dans les dignités de l'Eglise, les lettres, les sciences et le gouvernement.

Ici, loin d'avoir de la peine pour trouver des documents, on serait plutôt embarrassé de leur nombre. Les limites de ce rapport ne me permettant pas de multiplier les citations, je me bornerai à signaler, parmi les actes qui servent à établir le point de départ de cette branche, les manuscrits autographes de Jacques Bonaparte, juge impérial (1454-1466). En tête de chaque cahier de ces manuscrits on voit l'ascendance de Jacques tracée par sa main jusqu'à Guy, fils de Bonapart : « *Liber imbreviaturarum mei Jacobi, quondam Ser Georgii, Domini Jacobi, Ser Guidonis, olim Joannis Burelli, Guidonis de Bonaparte* ».

Dans leur ensemble, les documents des Bonaparte de Samminiato, qui se trouvent dans des archives différentes, pourraient être divisés en trois séries, dont chacune suffirait à en établir la généalogie; à savoir :

1er Fondations ou donations pieuses, du commencement du XIVme siècle à la fin du XVIIIme siècle;

2me Contrats de mariage, testaments, extraits de baptème et de décès, monuments divers ;

3me Extraits des livres du Magistrat dit

de *le tratte* de Florence. Dans ces livres, chaque famille patricienne avait une page ouverte où, à leur naissance, on signait les noms des mâles pour voir ceux qui, par âge, étaient éligibles aux conseils. Extraits du livre du Magistrat de la *dîme* chargé, depuis le temps de la république de Florence, d'enregistrer avec précision les possessions territoriales de chaque citoyen, les titres de ces possessions et leur passage à différentes personnes par héritage, achat, ou donation.

Cette dernière série se trouve tout entière dans les archives centrales de l'Etat à Florence. Les Bonaparte de Samminiato, dont la noblesse florentine remontait, du reste, au temps de Janfald, avaient été réintégrés dans la dignité patricienne à la suite et comme condition de la soumission de Samminiato aux Florentins (1370 et 1396).

On peut dire de cette branche, comme des Bonaparte de Trévise, que son histoire est l'histoire même de son pays. A la gloire qui leur est commune avec les branches de Sarzane et de Trévise, les Bonaparte de Samminiato ajoutent plusieurs illustrations littéraires et scientifiques. A Jacques Bonaparte (1500-1530) est due une narration très-accréditée du *Sac de Rome*, qui a été traduite en français par le prince Napoléon (Louis), frère de l'Empereur Napoléon III.

Nicolas Bonaparte (1551), prélat et jurisconsulte renommé, a été l'auteur d'une des plus anciennes comédies du théâtre italien que j'ai réunie à ma collection de documents.

Un autre Nicolas Bonaparte (1609-1644), professeur de droit à Pise, fut considéré comme un des plus grands jurisconsultes de son temps. Barthélemy Chesius nous a laissé de lui un pompeux éloge dans son : *Interpretatio Juris. Cap. XLVII. N. II.*

Cette branche des Bonaparte s'était subdivisée elle-même en quatre ramifications, qui disparaissent toutes dans la seconde moitié du XVIIIme siècle. Joseph Moccio Bonaparte, resté seul représentant d'une de

ces ramifications appela, par son testament
de 1775, à sa succession, Charles Bonaparte
d'Ajaccio, père de Napoleon I.

Les deux branches d'Ajaccio et de Samminiato avaient entretenu toujours les meil-
leures relations de parenté, et même elles
avaient reconnu trois fois leur origine commune, par devant notaire. Le plus récent
de ces actes porte la date du 28 juin 1759.

Philippe Bonaparte, chanoine et chevalier
de St. Etienne, dernier rejeton des Bonaparte de Samminiato, mourût le 24 décembre
1799. Il avait reçu à Samminiato, le 29 juin
1796, Napoléon Bonaparte général en chef
de l'armée d'Italie, qui revenait de l'expe-
dition de Livourne.

VI.

Le résultat général de mes investigations,
Monsieur le Ministre, peut se résumer dans

le tableau ci-joint, qui met en évidence les points principaux de la généalogie des Bonaparte.

A l'appui de ce tableau, je présente plus de sept cents documents, au nombre desquels se trouvent naturellement comprises les pièces que j'ai placées à la suite de mon travail sur les Bonaparte de Trévise.

J'espère que Votre Excellence voudra bien reconnaitre que, au moyen de ces preuves irréfutables, la question historique de la généalogie des Bonaparte se trouve définitivement résolue.

C'est là la plus belle récompense que j'ambitionne pour les recherches patientes que, pendant cinq ans, j'ai poursuivies avec tout le zèle que doit inspirer à l'historien la solution d'un problème important non encore résolu, et, si Votre Excellence me permet de l'ajouter, avec cette légitime fierté qu'un Italien a quelque droit de concevoir en voyant, autrefois comme aujourd'hui, la France et l'Italie s'unir dans la dynastie des Napoléons.

J'ai l'honneur d'être, avec le plus profond respect, Monsieur le Ministre,

De Votre Excellence

Paris, le 10 avril 1859.

Le très-humble et très-obéissant serviteur
FRÉDÉRIC DE STEFANI.

TABLEAU GÉNÉALOGIQUE

Qui démontre l'origine et la connexion des branches diverses

DE LA

FAMILLE BONAPARTE.

TEDICE
|
CUNERADO *an.* 922
Comte de Pistoje d'origine lombarde.
|
CADOLO. 953
|
LOTTARIO. 994
|
GUGLIELMO. 1034
|
UGONE. 1072

BULGARINO. 1097	UGONE. 1097
UGONE. 1117	GUIDO. 1131
GIOVANNI. 1123	UGONE. 1198
GIOVANNI	GIANFALDO. 1235
consul et recteur	
de la	
Ligue Lombarde	
chef de la branche	
de Trévise	
éteinte en 1447	

V. Tab. IIme

44

TAB. IIme

GIANFALDO 1215
Patricien de Florence et de Sarzane
V. Tab. I.

GUGLIELMO. 1235

GUIDO 1265
Chef de la branche
des Bonaparte
de Samminiato
éteinte en 1799.

GIOVANNI. 1278
Chef de la branche
des Bonaparte
de Sarzane.

JACOPO. 1319

NICCOLÒ. 1366

GIOVANNI. 1381

CESARE. 1408

GIOVANNI. 1485

FRANCESCO. 1490

V. Tab. IIIme

TAB. IIIme

FRANCESCO. 1490
V. Tab. IIme
*Chef de la branche des Bonaparte
de Ajaccio.*

|

GABRIELE. 1498

|

GIROLAMO. 1562

|

FRANCESCO. 1596

|

SEBASTIANO. 1603

|

CARLO. 1637

|

GIUSEPPE 1663

|

SEBASTIANO. 1683

LUCIANO — GIUSEPPE. 1713 — NAPOLEONE

GELTRUDE — CARLO. 1746 — ISABELLA

TIGE DE LA DYNASTIE
IMPÉRIALE DE FRANCE.

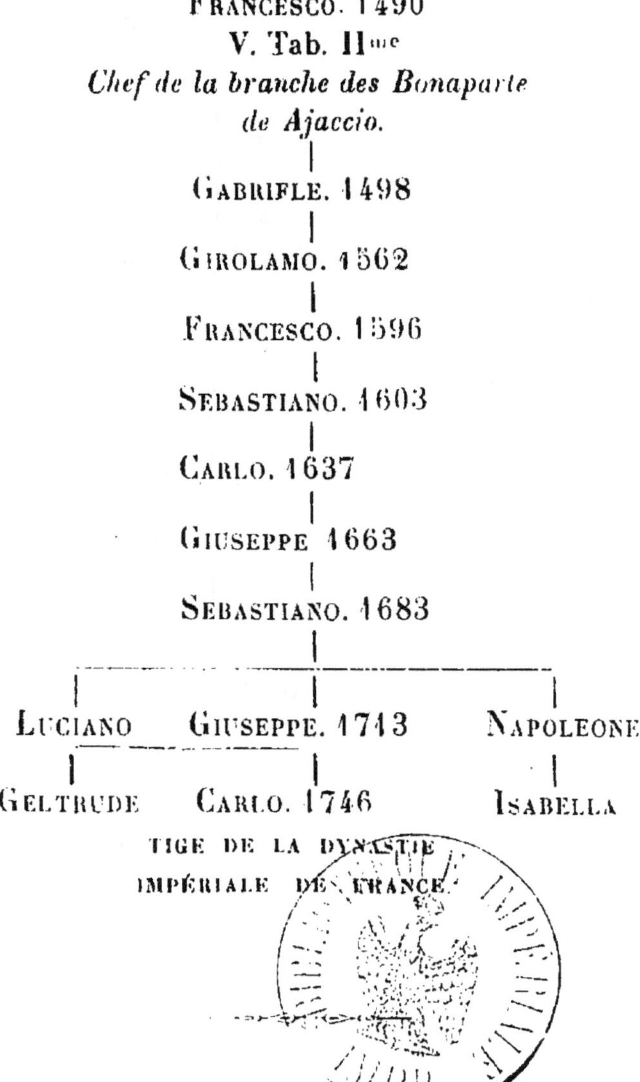